Impressum
Verlag: BABADADA GmbH, Nedderfeld 112 , 22529 Hamburg
Geschäftsführer / Verlagsleitung: Harald Hof
Druck: Books on Demand GmbH, In de Tarpen 42, 22848 Norderstedt

Imprint
Publisher: BABADADA GmbH, Nedderfeld 112 , 22529 Hamburg, Germany
Managing Director / Publishing direction: Harald Hof
Print: Books on Demand GmbH, In de Tarpen 42, 22848 Norderstedt, Germany

shkolla
Šola

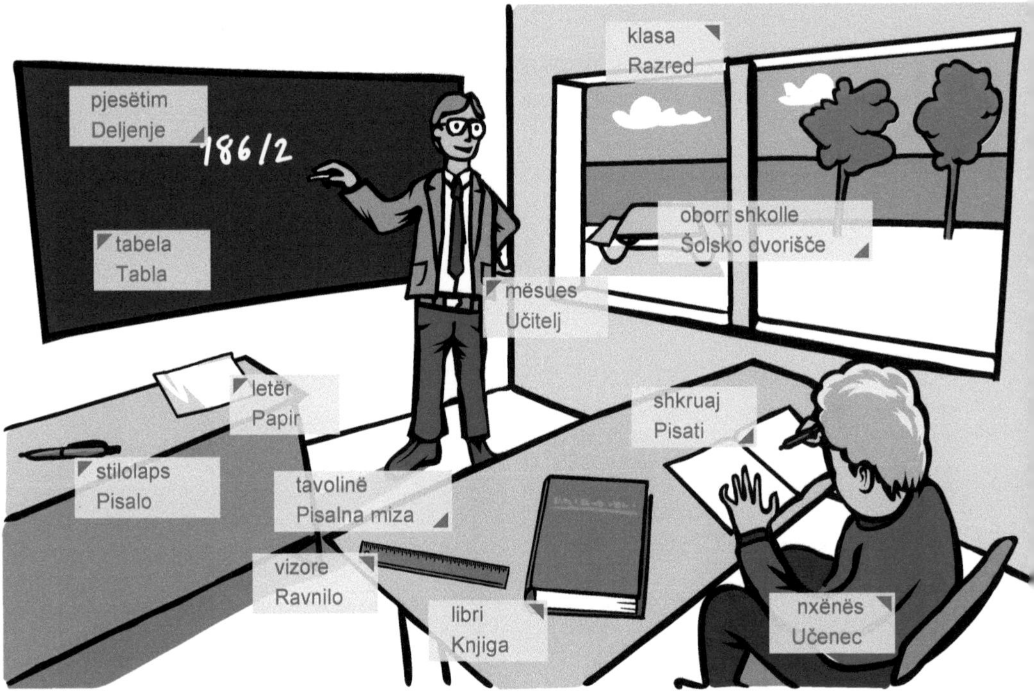
klasa
Razred
pjesëtim
Deljenje
186/2
oborr shkolle
Šolsko dvorišče
tabela
Tabla
mësues
Učitelj
letër
Papir
shkruaj
Pisati
stilolaps
Pisalo
tavolinë
Pisalna miza
vizore
Ravnilo
libri
Knjiga
nxënës
Učenec

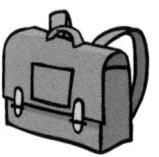

çantë

Šolska torba

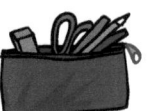

mbajtëse lapsash

Peresnica

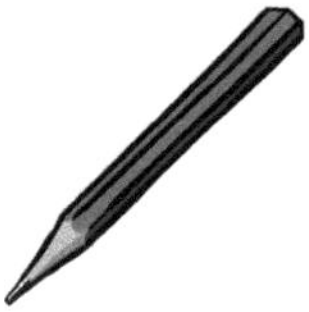

laps

Svinčnik

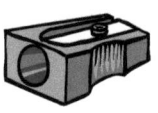

mprehës lapsash

Šilček

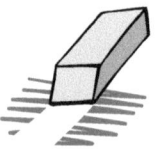

gomë

Radirka

fletore vizatimi

Risalni blok

vizatim

Risba

penel

Čopič

kuti bojërash

Vodene barvice

gërshërë

Škarje

ngjitës

Lepilo

fletore detyrash

Zvezek

detyrë shtëpie

Domača naloga

numër

Število

mbledh

Seštevanje

zbres

Odštevanje

shumëzoj

Množenje

llogaris

Računanje

gërmë

Črka

alfabeti

Abeceda

fjalë

Beseda

tekst

Besedilo

lexoj

Brati

shkumës

Kreda

mësim

Učna ura

regjistër

Redovalnica

provim

Preizkus znanja

çertifikatë

Spričevalo

uniformë shkolle

Šolska uniforma

arsimim

Izobrazba

enciklopedia

Enciklopedija

universitet

Univerza

mikroskop

Mikroskop

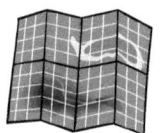

hartë

Zemljevid

kosh letrash

Koš za smeti

udhëtim
Potovanje

Grand
hotel
Hotel
bujtinë
Hostel
ROOMS
pikë këmbimi valutor
Menjalnica
valixhe
Kovček
makinë
Avtomobil

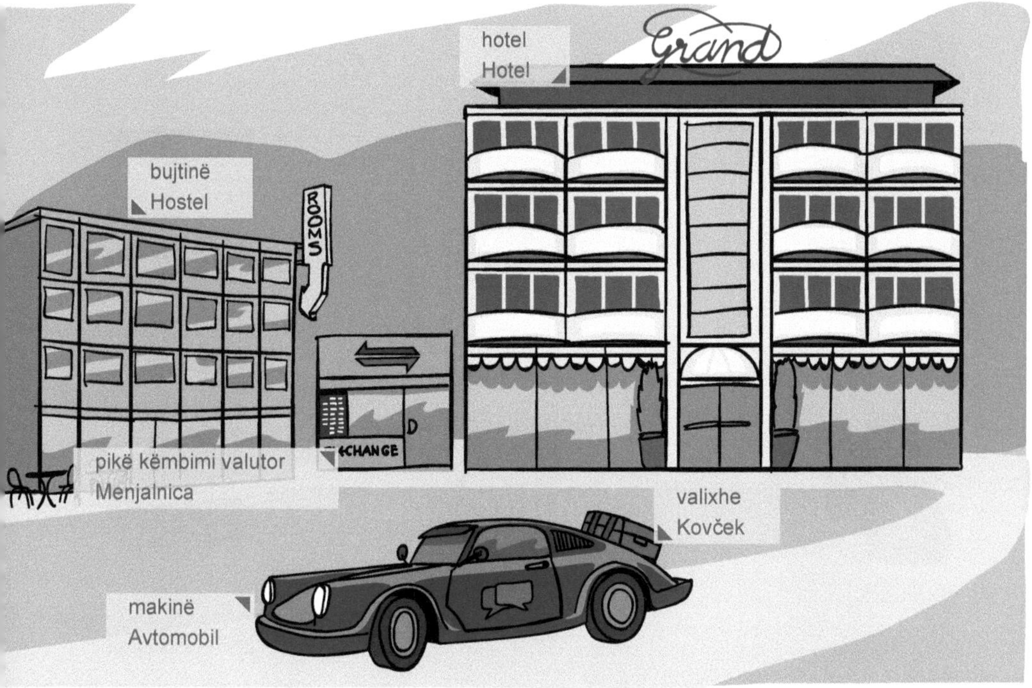

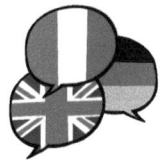

gjuhë

Jezik

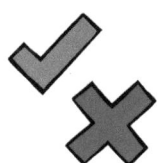

po / jo

da / ne

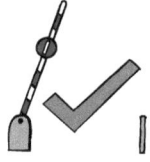

Në rregull

Prav

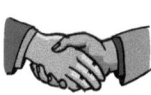

ç'kemi

Pozdravljeni

përkthyes

Prevajalec

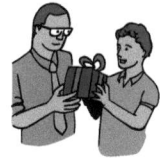

Faleminderit

Hvala

sa kushton…?

Koliko stane…?

nuk e kuptoj

Ne razumem

problem

Težava

Mirëmbrëma!

Dober večer!

Mirëmëngjes!

Dobro jutro!

Natën e mirë!

Lahko noč!

mirupafshim

Nasvidenje

drejtim

Smer

bagazhet

Prtljaga

çantë

Torba

çantë shpine

Nahrbtnik

mysafir

Gost

dhomë

Soba

thes gjumi

Spalna vreča

tendë

Šotor

informacion për turistët

Turistične informacije

plazh

Plaža

kartë krediti

Kreditna kartica

mëngjes

Zajtrk

drekë

Kosilo

darkë

Večerja

Biletë

Vozovnica

ashensor

Dvigalo

pulla

Znamka

kufi

Meja

doganë

Carina

ambasadë

Veleposlaništvo

vizë

Vizum

pasaportë

Potni list

transport
Prevoz

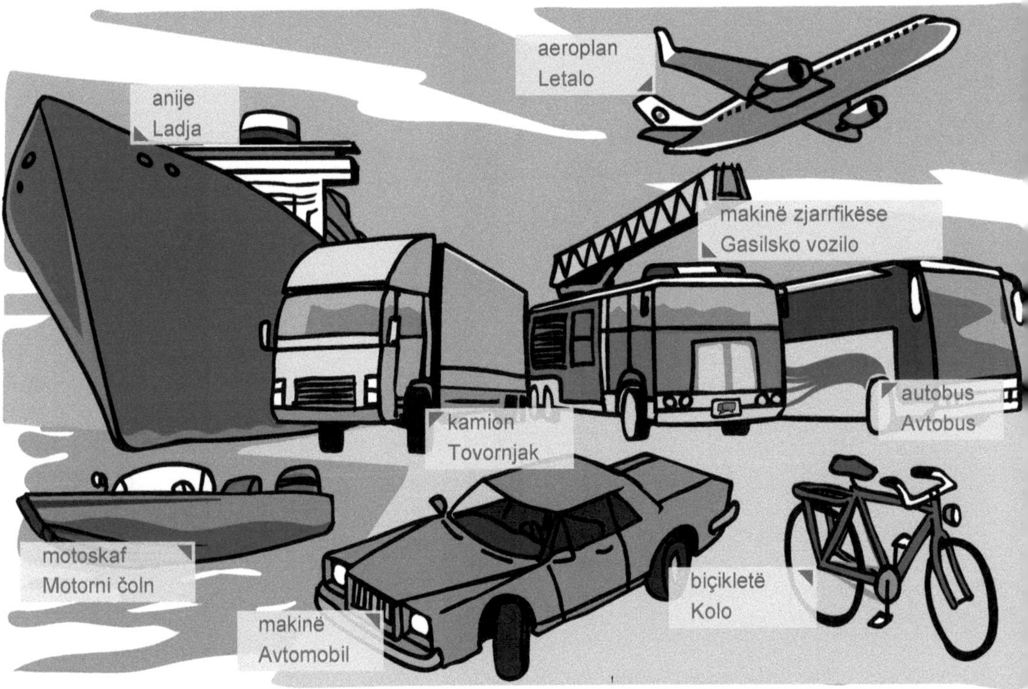
aeroplan
Letalo
anije
Ladja
makinë zjarrfikëse
Gasilsko vozilo
autobus
Avtobus
kamion
Tovornjak
motoskaf
Motorni čoln
biçikletë
Kolo
makinë
Avtomobil

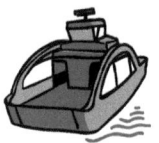

traget

Trajekt

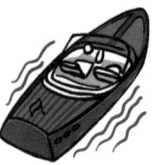

varkë

Čoln

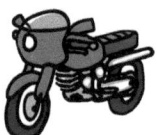

motoçikletë

Motorno kolo

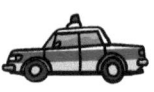

makinë policie

Policijski avto

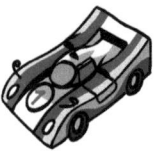

makinë garash

Dirkalni avto

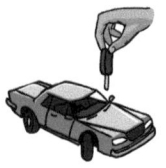

makinë me qira

Najeto vozilo

ndarje e qirasë së makinës

Souporaba avtomobila

karroatrec

Avtovleka

makinë plehrash

Smetarsko vozilo

motor

Motor

benzinë

Gorivo

pikë karburanti

Bencinska postaja

sinjalistikë trafiku

Prometni znak

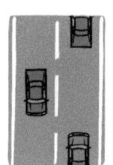

trafik

Promet

bllokim trafiku

Zastoj

parkim makinash

Parkirišče

stacion treni

Železniška postaja

trase

Tirnice

tren

Vlak

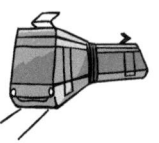

tramvaj

Tramvaj

karro

Vagon

helikopter
Helikopter

aeroport
Letališče

kullë
Stolp

pasagjer
Potnik

kontenier
Kontejner

kuti kartoni
Karton

qerre
Voziček

shportë
Košara

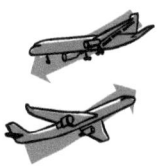

ngrihem / ulem
vzleteti / pristati

qytet
Mesto

fshat
Vas

qendra e qytetit
Mestno jedro

shtëpi
Hiša

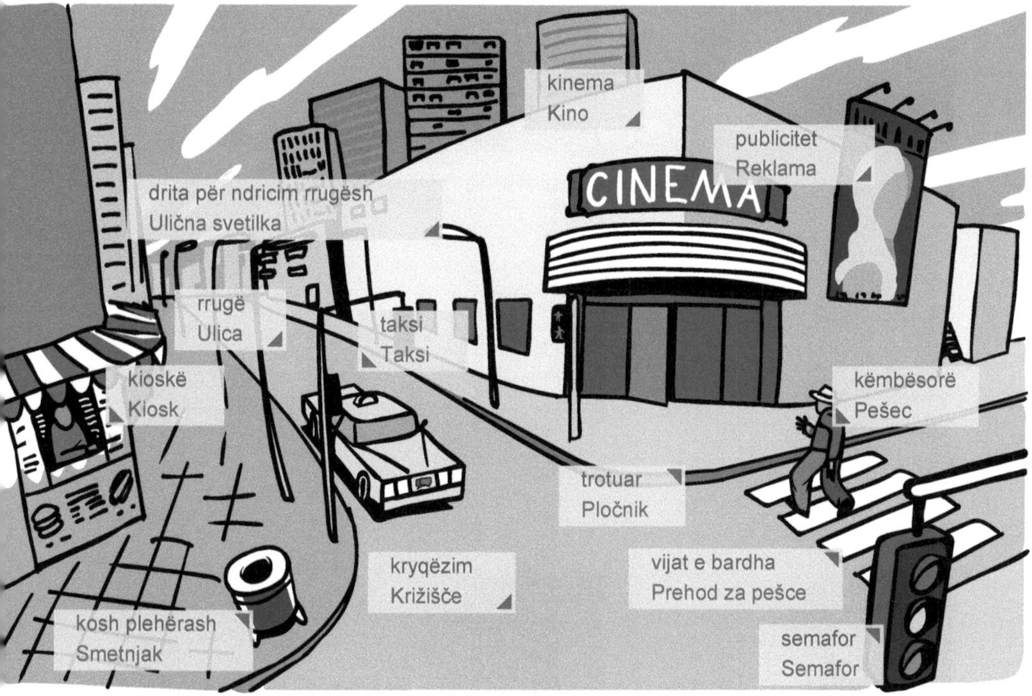

kinema
Kino

publicitet
Reklama

drita për ndricim rrugësh
Ulična svetilka

CINEMA

rrugë
Ulica

taksi
Taksi

kioskë
Kiosk

këmbësorë
Pešec

trotuar
Pločnik

kryqëzim
Križišče

vijat e bardha
Prehod za pešce

kosh plehërash
Smetnjak

semafor
Semafor

kasolle
Koča

apartament
Stanovanje

stacion treni
Železniška postaja

bashki
Mestna hiša

muze
Muzej

shkolla
Šola

universitet

Univerza

bankë

Banka

spital

Bolnišnica

hotel

Hotel

farmaci

Lekarna

zyrë

Pisarna

librari

Knjigarna

dyqan

Trgovina

dyqan lulesh

Cvetličarna

supermarket

Supermarket

market

Tržnica

mapo

Veleblagovnica

dyqan peshku

Ribarnica

qëndër tregtare

Nakupovalno središče

port

Pristanišče

park
Park

stol
Klop

urë
Most

shkallë
Stopnice

metro
Podzemna železnica

tunel
Predor

stacion autobuzi
Avtobusno postajališče

bar
Bar

restorant
Restavracija

kuti postare
Poštni nabiralnik

sinjalistikë rrugore
Ulična tabla

kohëmatës parkimi
Parkirna ura

kopsht zoologjik
Živalski vrt

pishinë
Kopališče

xhami
Mošeja

fermë

Kmetija

ndotje

Onesnaževanje

varrezë

Pokopališče

kishë

Cerkev

shesh lojërash

Otroško igrišče

tempull

Tempelj

peisazh
Pokrajina

gjethe
List

tabela orientuese
Kažipot

rrugë
Pot

livadh
Travnik

gurë
Kamen

pemë
Drevo

ekskursionist
Pohodnik

lumë
Reka

bar
Trava

lule
Cvetlica

luginë
Dolina

kodër
Hrib

liqen
Jezero

pyll
Gozd

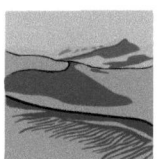

shkretëtirë
Puščava

vullkan
Vulkan

kështjellë
Grad

ylber
Mavrica

kepudhë
Goba

palmë
Palma

mushkonjë
Komar

mizë
Muha

milingonë
Mravlja

bletë
Čebela

merimangë
Pajek

brumbull

Hrošč

bretkosë

Žaba

ketër

Veverica

iriq

Jež

lepur

Zajec

buf

Sova

zog

Ptič

mjellmë

Labod

derr i egër

Divji prašič

dre

Jelen

dre brilopatë

Los

digë

Jez

turbinë ere

Vetrnica

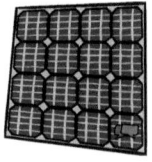

panel diellor

Solarna plošča

klimë

Podnebje

kamarier
Natakar

menu
Jedilnik

karrige
Stol

supë
Juha

pica
Pica

set ngrënieje
Pribor

mbulesë tavoline
Prt

pjatë e parë
Predjed

pjatë kryesore
Glavna jed

ëmbëlsirë
Sladica

pije
Pijače

ushqim
Hrana

shishe
Steklenica

ushqim i shpejtë

Hitra hrana

ushqim i shërbyer në rrugë

Ulična hrana

ibrik çaji

Čajnik

kuti sheqeri

Sladkornica

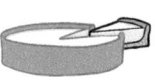

racion

Porcija

makinë kafeje ekspres

Aparat za espresso

karrige e lartë

Stolček za hranjenje

faturë

Račun

tabaka

Pladenj

thika

Nož

pirun

Vilica

lugë

Žlica

lugë çaji

Čajna žlička

pecetë

Servieta

gotë

Kozarec

pjatë
Krožnik

pjatë supe
Globoki krožnik

pjatë filxhani
Krožniček

salcë
Omaka

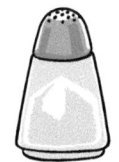

mbajtëse kripe
Solnica

mulli piperi
Mlinček za poper

uthull
Kis

vaj
Olje

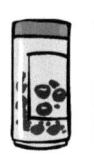

erëza
Začimbe

keçap
Kečap

mustardë
Gorčica

majonezë
Majoneza

supermarket
Supermarket

ofertë speciale
Posebna ponudba
FOR
klient
Stranka
produkte bulmeti
Mlečni izdelki
frut
Sadje
karrocë pazari
Nakupovalni voziček

BUTCHERS

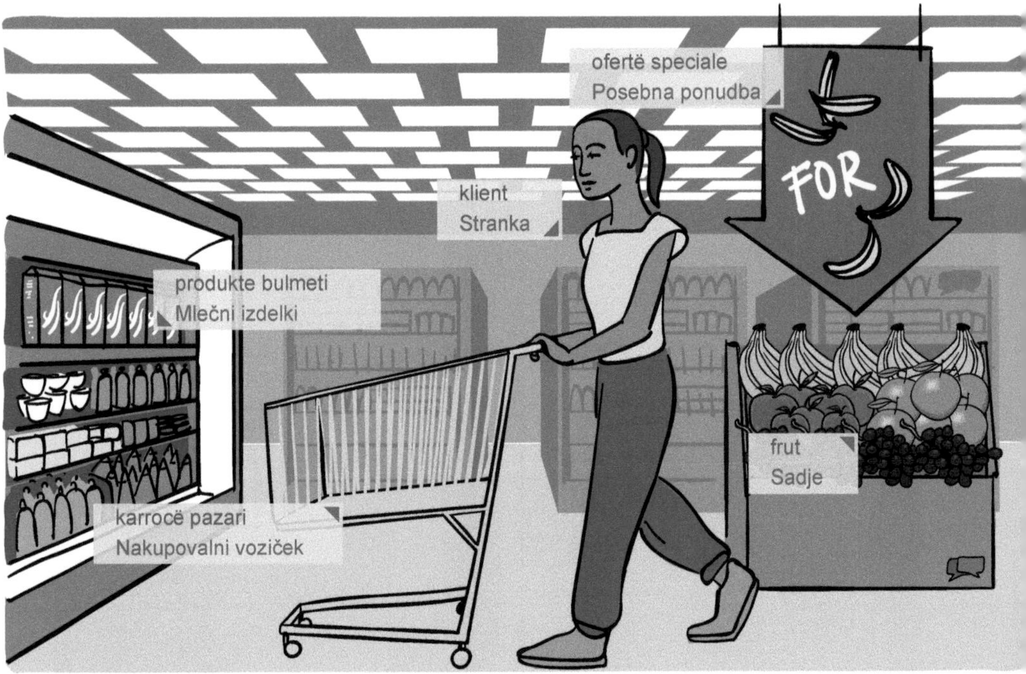

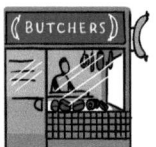

dyqan mishi

Mesnica

BAKERY

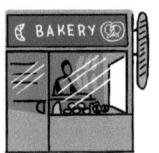

furrë buke

Pekarna

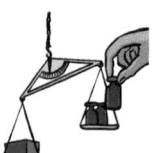

peshoj

Tehtati

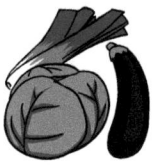

perime

Zelenjava

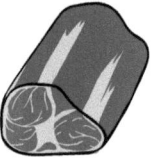

mish

Meso

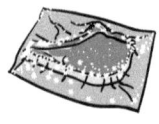

ushqim i ngrirë

Zamrznjena hrana

copë
Hladne mesnine

ushqim i konservuar
Konzerve

pluhur larës
Pralni prašek

ëmbëlsirat
Sladkarije

prodhime shtëpie
Gospodinjski izdelki

produkte pastrimi
Čistilno sredstvo

shitëse
Prodajalka

kasë fiskale
Blagajna

arkëtar
Blagajnik

listë blerjeje
Nakupovalni seznam

oraret e punës
Delovni čas

portofol
Denarnica

kartë krediti
Kreditna kartica

çantë
Torba

qese plastike
Plastična vrečka

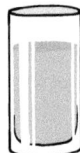

ujë
Voda

lëng frutash
Sok

qumësht
Mleko

koka-kola
Kola

verë
Vino

birrë
Pivo

alkool
Alkohol

kakao
Kakav

çaj
Čaj

kafe
Kava

kafe ekspres
Espresso

kapuçino
Kapučino

banane

Banana

mollë

Jabolko

portokalle

Pomaranča

pjepër

Lubenica

limon

Limona

karrotë

Korenje

hudhër

Česen

bambu

Bambus

qepë

Čebula

kërpudha

Goba

arra

Oreščki

makarona

Rezanci

spageti

Špageti

oriz

Riž

sallatë

Solata

patate të skuqura

Ocvrt krompirček

patate të skuqura

Pečen krompir

pica

Pica

hamburger

Hamburger

sanduiç

Sendvič

shnicel

Zrezek

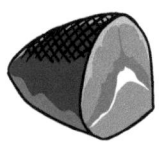

proshutë

Šunka

sallam

Salama

salçiçe

Klobasa

pulë

Piščanec

skuq

Pečenka

peshk

Riba

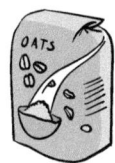

tërshërë

Ovseni kosmiči

drithëra

Musli

kornfleiks

Koruzni kosmiči

miell

Moka

kruasant

Rogljiček

panine

Žemlja

bukë

Kruh

tost

Prepečenec

biskotë

Piškoti

gjalp

Maslo

gjizë

Skuta

tortë

Torta

vezë

Jajce

vezë sy

Pečeno jajce na oko

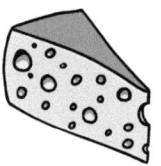

djathë

Sir

akullore

Sladoled

sheqer

Sladkor

mjaltë

Med

marmaladë

Marmelada

çokokrem

Čokoladni namaz

këri

Kari

fermë
Kmetija

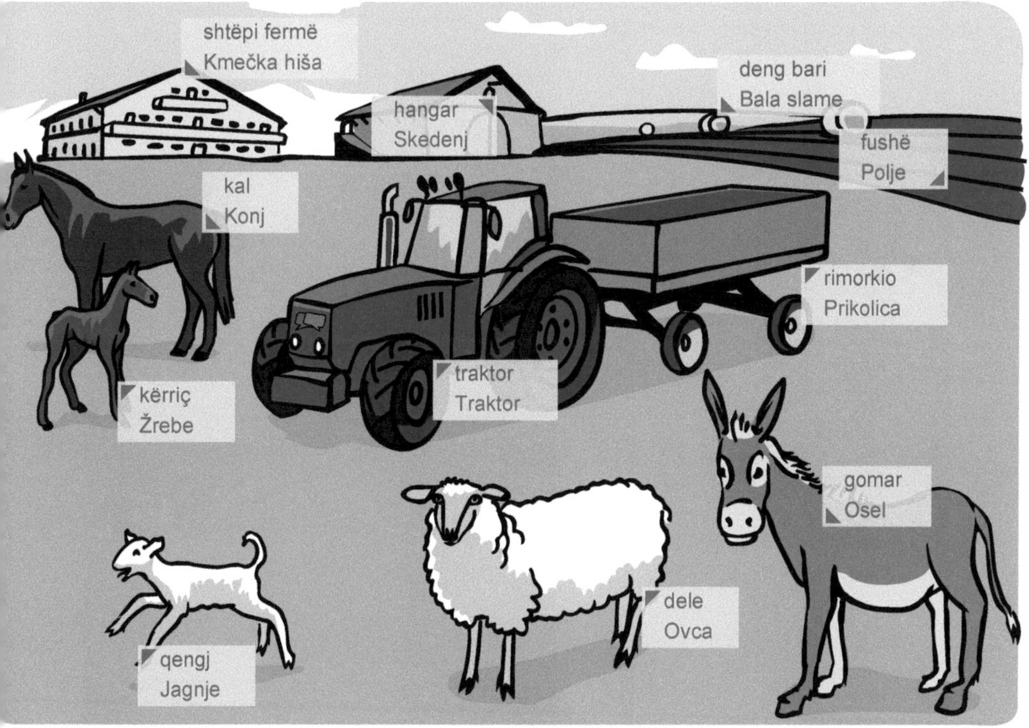
shtëpi fermë
Kmečka hiša
hangar
Skedenj
deng bari
Bala slame
fushë
Polje
kal
Konj
rimorkio
Prikolica
traktor
Traktor
kërriç
Žrebe
gomar
Osel
dele
Ovca
qengj
Jagnje

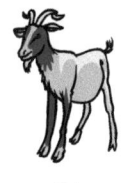

dhi

Koza

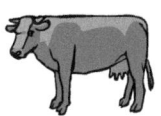

lopë

Krava

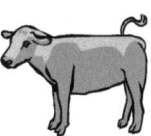

viç

Tele

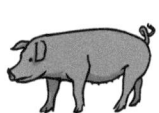

derr

Prašič

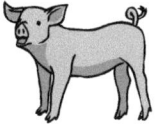

derrkuc

Pujsek

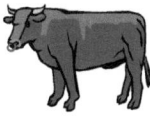

dem

Bik

patë

Gos

rosë

Raca

zog pule

Piščanec

pulë

Kokoš

gjel

Petelin

mi

Podgana

mace

Mačka

mi

Miš

buall

Vol

qen

Pes

kolibe qeni

Pasja uta

zorrë vaditëse

Cev za zalivanje

vaditëse

Kangla za zalivanje

kosë

Kosa

plug

Plug

drapër
Srp

shat
Motika

kosa
Vile

sëpatë
Sekira

karrocë
Samokolnica

govatë
Korito

bidon qumështi
Kangla za mleko

thes
Vreča

gardh
Ograja

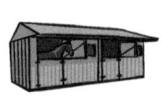

ahur
Hlev

serë
Rastlinjak

dhe
Prst

farë
Seme

pleh
Gnojilo

autokombanjë
Kombajn

korr
....
Žeti

te korrat
....
Žetev

patate e ëmbël "Yam"
....
Jam

grurë
....
Pšenica

soja
....
Soja

patate
....
Krompir

misër
....
Koruza

raps
....
Oljna ogrščica

pemë frutore
....
Sadno drevo

zhardhok manioku
....
Maniok

drithëra
....
Žito

shtëpi
Hiša

oxhak
Dimnik
çati
Streha
shkarkues uji
Žleb
dritare
Okno
garazh
Garaža
zile e derës
Zvonec
derë
Vrata
kosh plehërash
Koš za smeti
kuti postare
Poštni nabiralnik
kopësht
Vrt

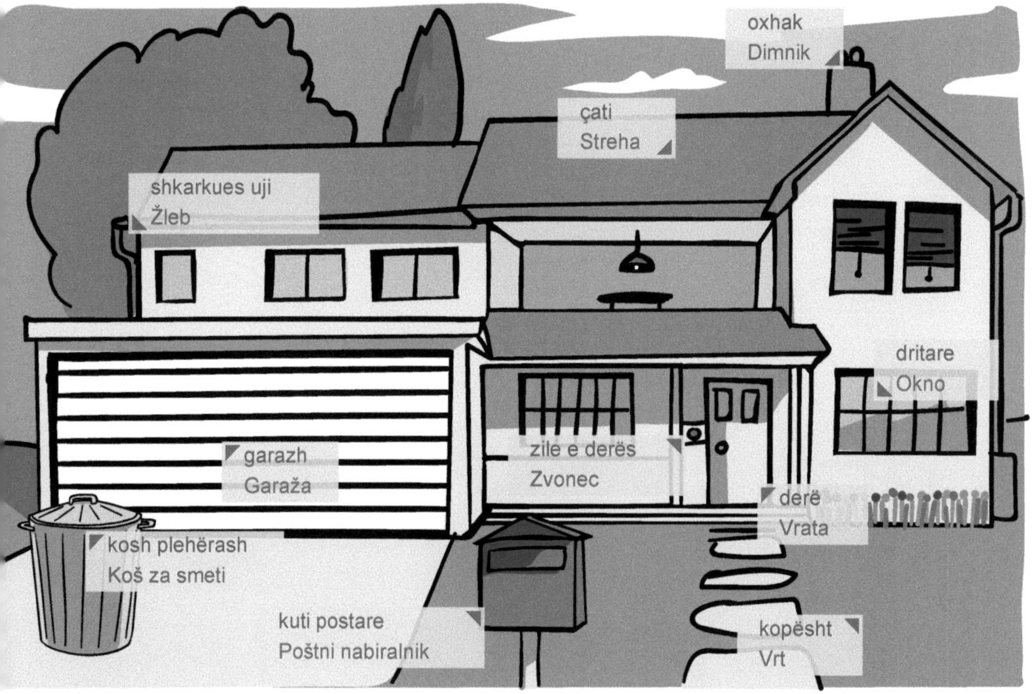

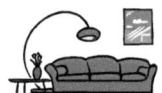

dhomë ndenjeje

Dnevna soba

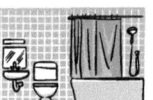

tualet

Kopalnica

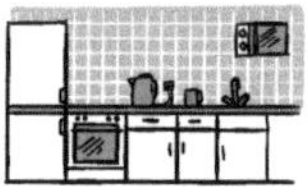

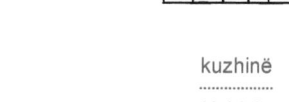

kuzhinë

Kuhinja

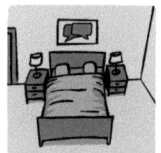

dhomë gjumi

Spalnica

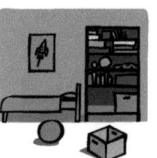

dhomë fëmijësh

Otroška soba

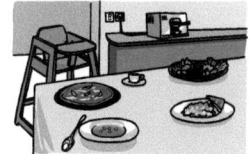

dhomë ngrënieje

Jedilnica

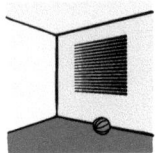

dysheme
....
Tla

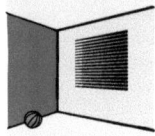

mur
....
Stena

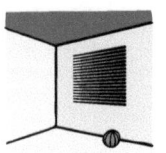

tavan
....
Strop

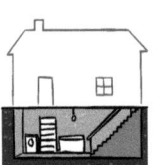

bodrum
....
Klet

sauna
....
Savna

ballkon
....
Balkon

tarracë
....
Terasa

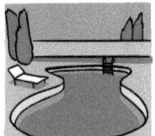

pishinë
....
Bazen

kositëse bari
....
Kosilnica

çarçaf
....
Rjuha

kuvertë
....
Posteljno pregrinjalo

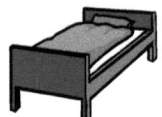

krevat
....
Postelja

fshesë dore
....
Metla

kovë
....
Vedro

çelës
....
Stikalo

32   shtëpi - Hiša

dhomë ndenjeje
Dnevna soba

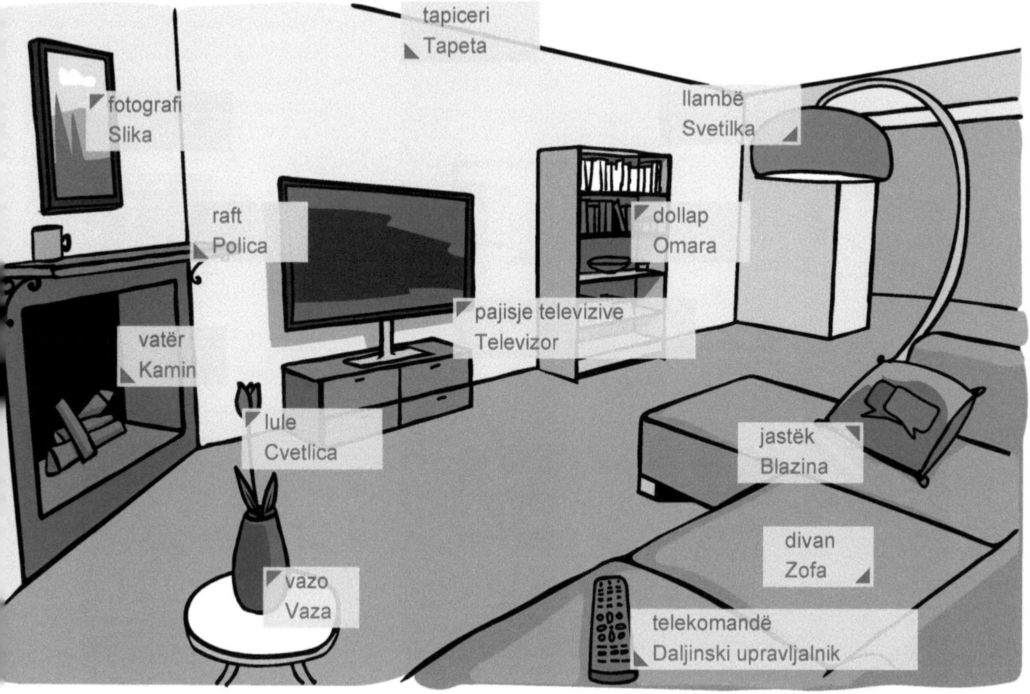

tapiceri
Tapeta
fotografi
Slika
llambë
Svetilka
raft
Polica
dollap
Omara
pajisje televizive
Televizor
vatër
Kamin
lule
Cvetlica
jastëk
Blazina
divan
Zofa
vazo
Vaza
telekomandë
Daljinski upravljalnik

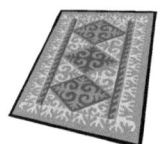

qilim

Preproga

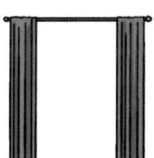

perde

Zavesa

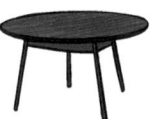

tavolinë

Miza

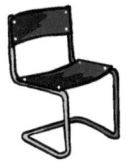

karrige

Stol

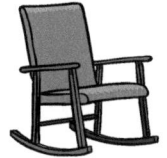

karrige lëkundëse

Gugalnik

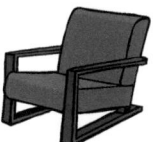

kolltuk

Naslanjač

libri

Knjiga

batanije

Odeja

zbukurime

Dekoracija

dru zjarri

Drva

film

Film

stereo

Glasbeni stolp

çelës

Ključ

gazetë

Časopis

pikturë

Slika

afishe

Plakat

radio

Radio

bllok shënimesh

Beležka

fshesë me korent

Sesalnik

kaktus

Kaktus

qiri

Sveča

kuzhinë
Kuhinja

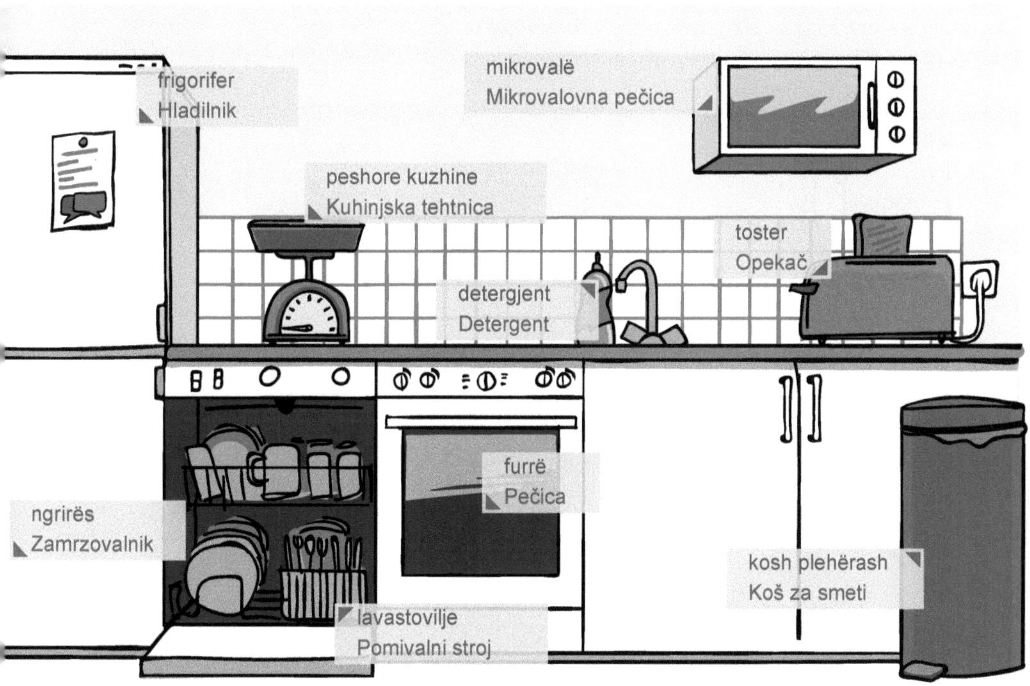
frigorifer
Hladilnik
mikrovalë
Mikrovalovna pečica
peshore kuzhine
Kuhinjska tehtnica
toster
Opekač
detergjent
Detergent
furrë
Pečica
ngrirës
Zamrzovalnik
kosh plehërash
Koš za smeti
lavastovilje
Pomivalni stroj

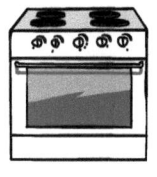

sobë

Kozica

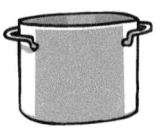

tenxhere

Lonec

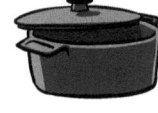

tenxhere me kapak

Litoželezni lonec

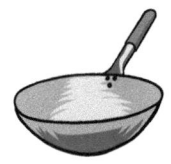

tigan special (Wok)

Vok / kadai

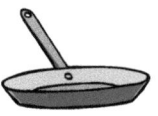

tigan

Ponev

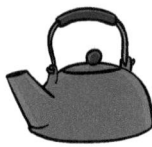

çajnik

Kotliček

tenxhere me avull

Parni kuhalnik

tavë pjekjeje

Pekač

enë

Posoda

filxhan

Skodelica

tas

Skleda

shkopinj

Jedilne paličice

garuzhde

Zajemalka

spatul

Lopatica

tel kuzhine

Metlica

kulluese

Cedilnik

sitë

Cedilo

rende

Strgalo

havan

Možnar

skarë

Žar

zjarr

Ognjišče

dërrasë për prerje

Deska za rezanje

okllai

Valjar

heqëse tapash

Odpirač za steklenice

kanaçe

Pločevinka

hapëse kanaçeje

Odpirač za konzerve

rrobë për të kapur
tenxheren
Prijemalka za posodo

lavaman

Korito

furçë

Ščetka

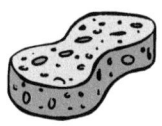

sfungjer

Goba

përzjerës

Mešalnik

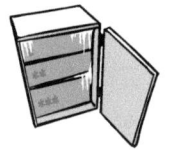

ngrirës

Zamrzovalna skrinja

biberon për lëngje

Steklenička

rubinet

Pipa

tualet
Kopalnica

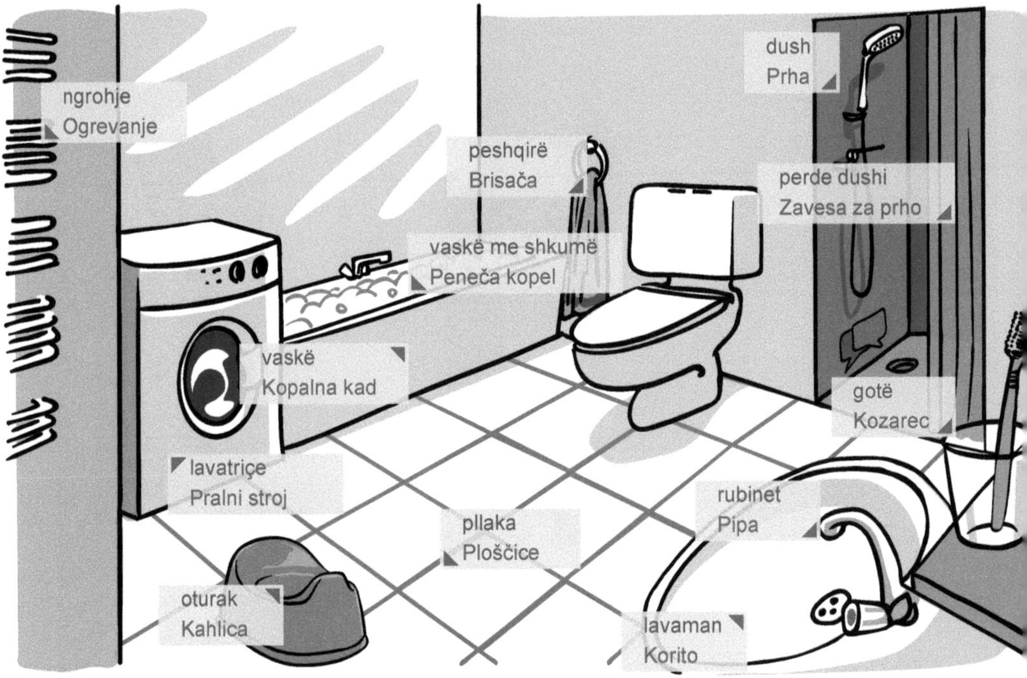

ngrohje
Ogrevanje
dush
Prha
peshqirë
Brisača
perde dushi
Zavesa za prho
vaskë me shkumë
Peneča kopel
vaskë
Kopalna kad
gotë
Kozarec
lavatriçe
Pralni stroj
rubinet
Pipa
pllaka
Ploščice
oturak
Kahlica
lavaman
Korito

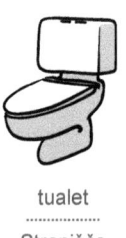

tualet

Stranišče

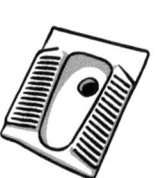

WC e sheshtë

Stranišče na počep

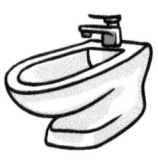

bide

Bide

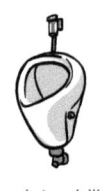

tualet publik

Pisoar

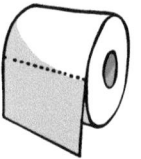

letër higjienike

Toaletni papir

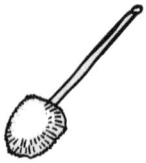

furçe për WC

Ščetka za straniščno školjko

furçë dhëmbësh

Zobna ščetka

pastë dhëmbësh

Zobna pasta

fije dentare

Zobna nitka

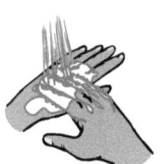

laj

Umiti se

dorezë dushi

Ročna prha

larës për zonën intime

Prha za intimne dele

legen

Umivalnik

furçë për masazh shpine

Krtača za hrbet

sapun

Milo

shampo trupi

Gel za prhanje

shampo

Šampon

leckë pastruese

Krpica za miljenje

kullues

Odtok

krem

Krema

antidjersë

Deodorant

pasqyrë

Ogledalo

pasqyrë dore

Ročno ogledalo

brisk rroje

Britvica

shkumë rroje

Pena za britje

locion pas rrojes

Vodica po britju

krehër

Glavnik

furçë

Ščetka

tharëse flokësh

Sušilnik za lase

llak për flokët

Lak za lase

grim

Ličila

buzëkuq

Šminka

manikyr

Lak za nohte

mbushje pambuku

Vatirane blazinice

gërshërë për thonj

Škarjice za nohte

parfum

Parfum

çantë për sendet personale

Toaletna torbica

Stol

Stol brez naslonjala

peshore

Osebna tehtnica

robëdëshambër

Kopalni plašč

dorashka gome

Gumijaste rokavice

tampon

Tampon

peceta higjienike

Damski vložki

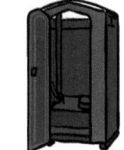

tualet I lëvizshëm

Kemično stranišče

dhomë fëmijësh

Otroška soba

orë me zile
Budilka
lodra me pellushë
Plišasta igrača
makinë lodër
Avtomobilček
rraketake
Ropotuljica
shtëpi kukullash
Hiška za punčke
dhuratë
Darilo

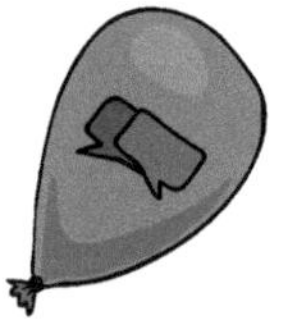

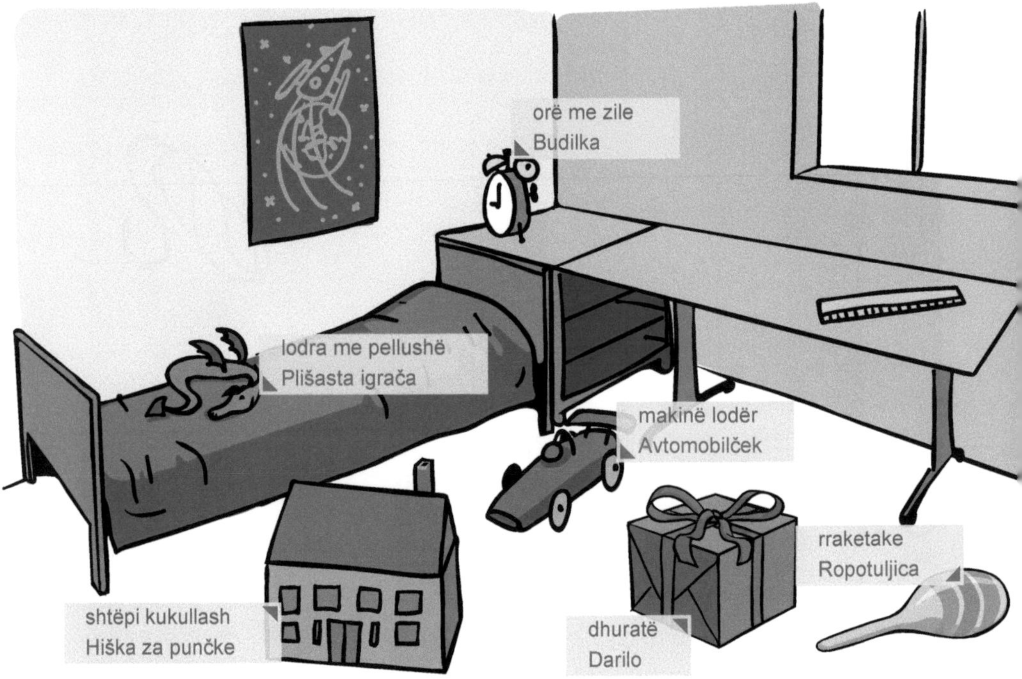

tollumbace

Balon

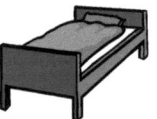

krevat

Postelja

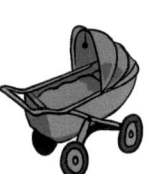

karrocë fëmijësh

Otroški voziček

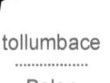

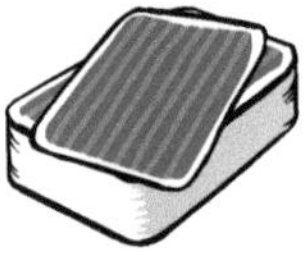

lojë me letra

Igralne karte

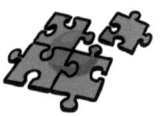

bashkim pjesësh me figura

Sestavljanka

SUPER
MEGA

komik

Strip

formuese lodër

Lego kocke

kuba plastikë

Igralne kocke

lodra

Akcijska figura

badi

Bodi

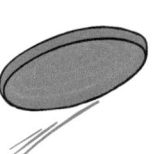

frizbi

Frizbi

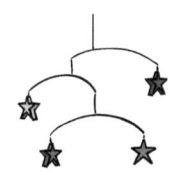

lodra të varura tek krevati i fëmijëve

Vrtiljak za posteljico

tavolinë lojërash

Namizna igra

zare

Kocka

model treni

Komplet modelov vlakov

biberon

Duda

festë

Zabava

libër me ilustrime

Slikanica

top

Žoga

kukull

Lutka

luaj

Igrati se

grumbull rëre

Peskovnik

kolovarëse

Gugalnica

lodra

Igrače

leva për lojra video

Igralna konzola

triçikël

Tricikel

arush prej pellushi

Plišasti medvedek

garderobë

Garderoba

veshje
Oblačilo

çorape

Nogavice

çorape të gjata

Samostoječe nogavice

geta

Hlačne nogavice

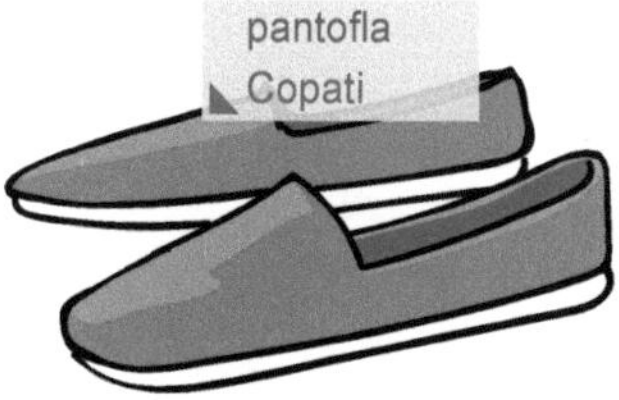

shall
Šal

çadër
Dežnik

bluzë pa jakë
Majica s kratkimi rokavi

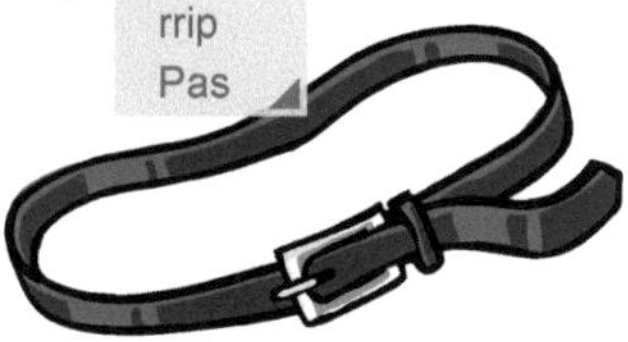

rrip
Pas

çizme
Škornji

pantofla
Copati

atlete
Športni copati

sandale

Sandali

këpucë

Čevlji

çizme llastiku

Gumijasti škornji

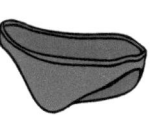

të mbathura

Spodnje hlače

reçipeta

Modrček

kanotierë

Telovnik

trup
....
Bodi

pantallona
....
Hlače

xhinse
....
Kavbojke

fund
....
Krilo

bluzë
....
Bluza

këmishë
....
Srajca

pulovër
....
Pulover

triko
....
Pletena jopica

xhaketë
....
Jopa

xhaketë
....
Jakna

pallto
....
Plašč

mushama shiu
....
Dežni plašč

kostum
....
Kostim

fustan
....
Obleka

fustan nusërie
....
Poročna obleka

kostum

Obleka

këmishë nate

Spalna srajca

pizhama

Pižama

sari (veshje tradicionale indiane)

Sari

shami koke

Naglavna ruta

çallmë

Turban

veshje për femrat e besimit musliman

Burka

kaftan (lloj veshjeje tradicionale)

Kaftan

ferexhe

Abaja

kostum banje

Kopalke

rroba banje

Kopalne hlače

pantallona të shkurtra

Kratke hlače

tuta sporti

Trenirka

përparëse

Predpasnik

dorashka

Rokavice

kopsë

Gumb

syze

Očala

byzylyk

Zapestnica

gjerdan

Verižica

unazë

Prstan

vath

Uhan

kapuç

Kapa

varëse për pallto

Obešalnik

kapele

Klobuk

kravatë

Kravata

zinxhir

Zadrga

helmetë

Čelada

tiranda

Naramnice

uniformë shkolle

Šolska uniforma

uniformë

Uniforma

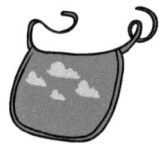

gushore

Slinček

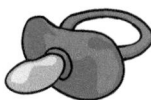

biberon

Duda

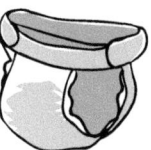

pelenë

Plenica

zyrë
Pisarna

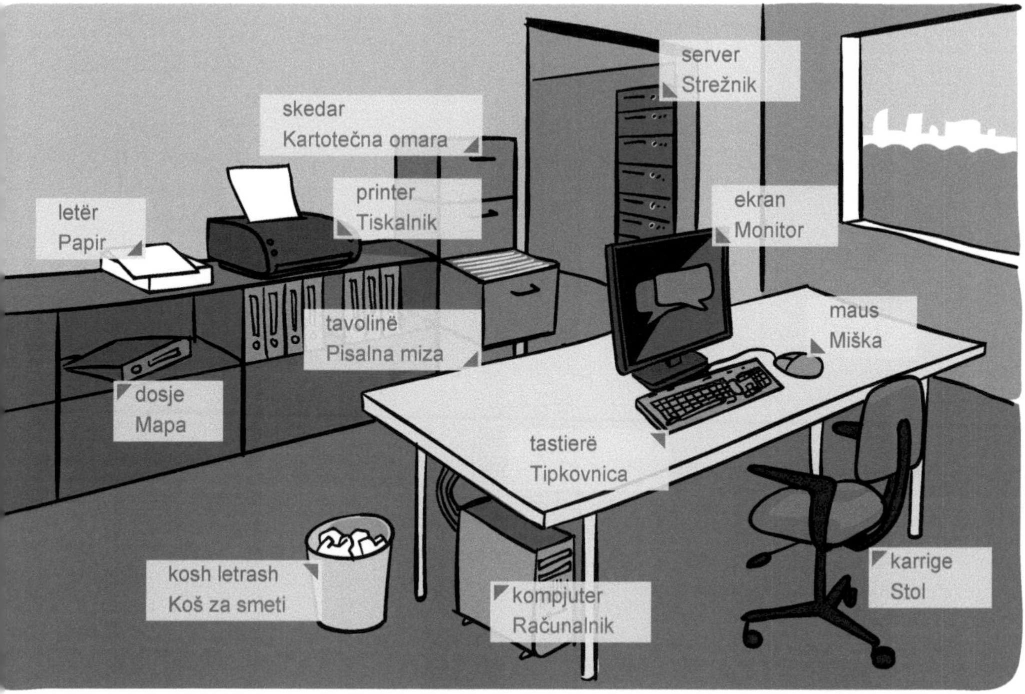

server
Strežnik
skedar
Kartotečna omara
letër
Papir
printer
Tiskalnik
ekran
Monitor
tavolinë
Pisalna miza
maus
Miška
dosje
Mapa
tastierë
Tipkovnica
kosh letrash
Koš za smeti
kompjuter
Računalnik
karrige
Stol

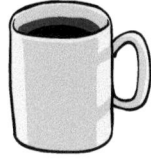

filxhan kafeje

Lonček za kavo

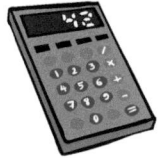

makinë llogaritëse

Kalkulator

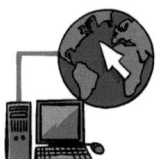

internet

Internet

kompjuter portativ

Prenosnik

letër

Pismo

mesazh

Sporočilo

telefon

Mobilnik

rrjet

Omrežje

fotokopje

Kopirni stroj

program

Programska oprema

telefon

Telefon

prizë

Vtičnica

pajisje faksi

Telefaks

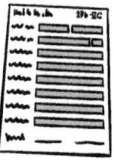

formular

Obrazec

dokument

Dokument

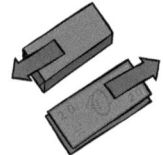

blej
Kupiti

paguaj
Plačati

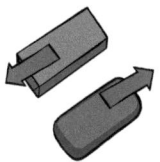

tregtoj
Trgovati

para
Denar

dollar
Dolar

euro
Evro

jen
Jen

rubla
Rubelj

franga zvicerane
Švičarski frank

juani kinez
Kitajski juan renminbi

rupje
Rupija

bankomat
Bankomat

pikë këmbimi valutor

Menjalnica

ar

Zlato

argjend

Srebro

nafta

Nafta

energji

Energija

çmim

Cena

kontratë

Pogodba

taksë

Davek

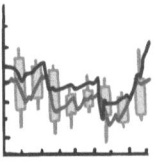

aksione

Delnice

punoj

Delati

punonjës

Delojemalec

punëdhënës

Delodajalec

fabrikë

Tovarna

dyqan

Trgovina

ekonomi - Gospodarstvo

profesionet
Poklici

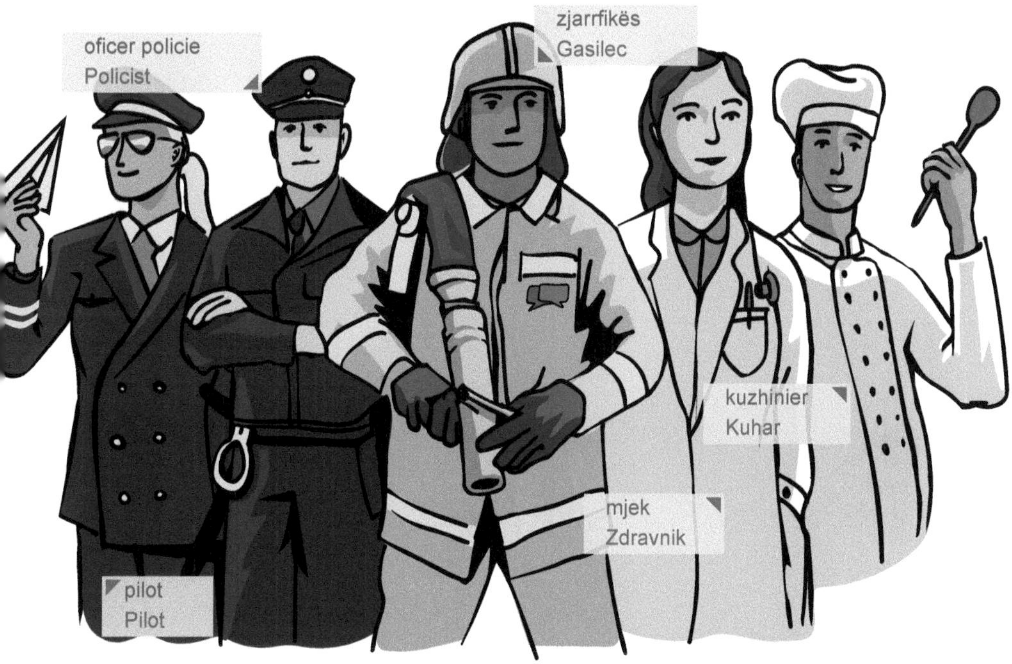
oficer policie
Policist
zjarrfikës
Gasilec
kuzhinier
Kuhar
mjek
Zdravnik
pilot
Pilot

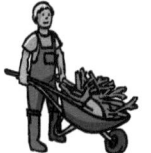

kopshtar

Vrtnar

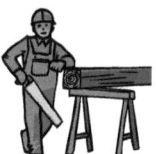

marangoz

Mizar

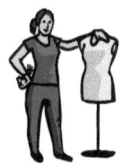

rrobaqepëse

Šivilja

gjykatës

Sodnik

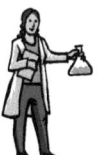

kimist

Kemik

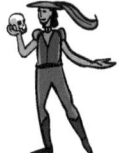

aktor

Igralec

shofer autobuzi

Voznik avtobusa

taksist

Taksist

peshkatar

Ribič

pastruese

Čistilka

riparues çatish

Krovec

kamarier

Natakar

gjuetar

Lovec

piktor

Pleskar

furrxhi

Pek

elektriçist

Električar

ndërtues

Gradbenik

inxhinier

Inženir

kasap

Mesar

hidraulik

Vodovodni inštalater

postieri

Poštar

ushtar

Vojak

arkitekt

Arhitekt

arkëtar

Blagajnik

luleshitës

Cvetličar

berber

Frizer

kontrollor

Sprevodnik

mekanik

Mehanik

kapiten

Kapitan

dentist

Zobozdravnik

shkencëtar

Znanstvenik

rabin

Rabin

imam

Imam

murg

Menih

klerik

Duhovnik

mjete
Orodje

pinca
Klešče
çekiç
Kladivo
kaçavidë
Izvijač
elektrik dore
Žepna svetilka
çelës mekanik
Vijačni ključ

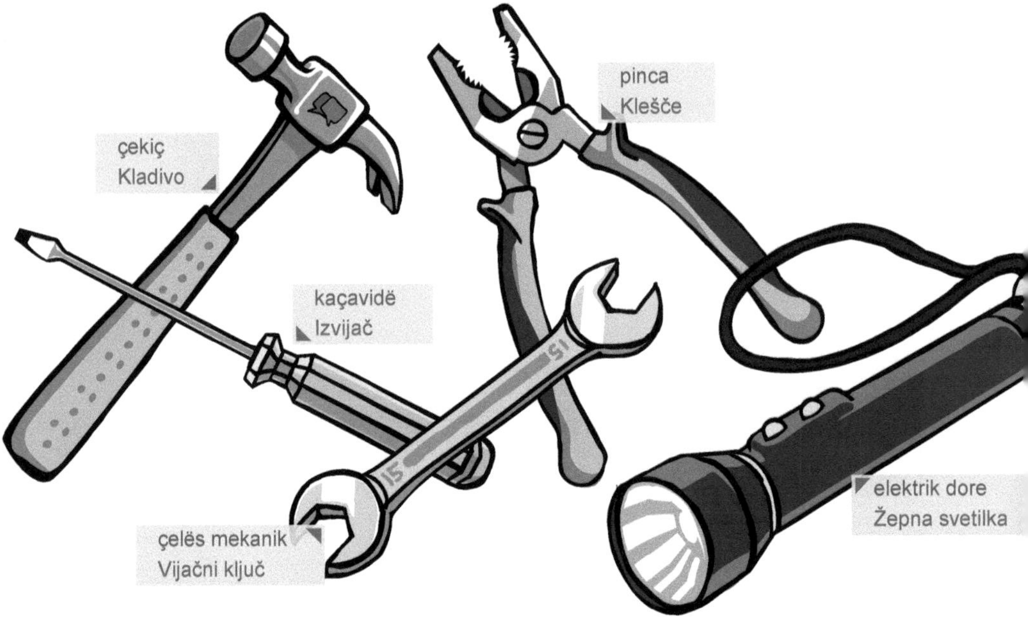

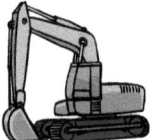

ekskavator

Bager

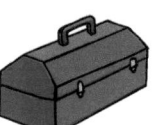

kuti veglash

Zaboj z orodjem

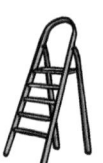

shkallë

Lestev

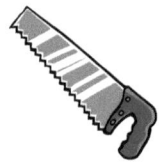

sharrë

Žaga

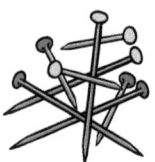

gozhdë

Žeblji

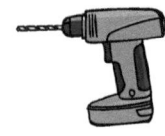

trapan

Vrtalnik

riparoj

Popraviti

lopatë

Lopata

Dreq!

Šment!

kaci

Smetišnica

kuti boje

Posoda z barvo

vidhë

Vijaki

instrumenta muzikorë
Glasbeni instrument

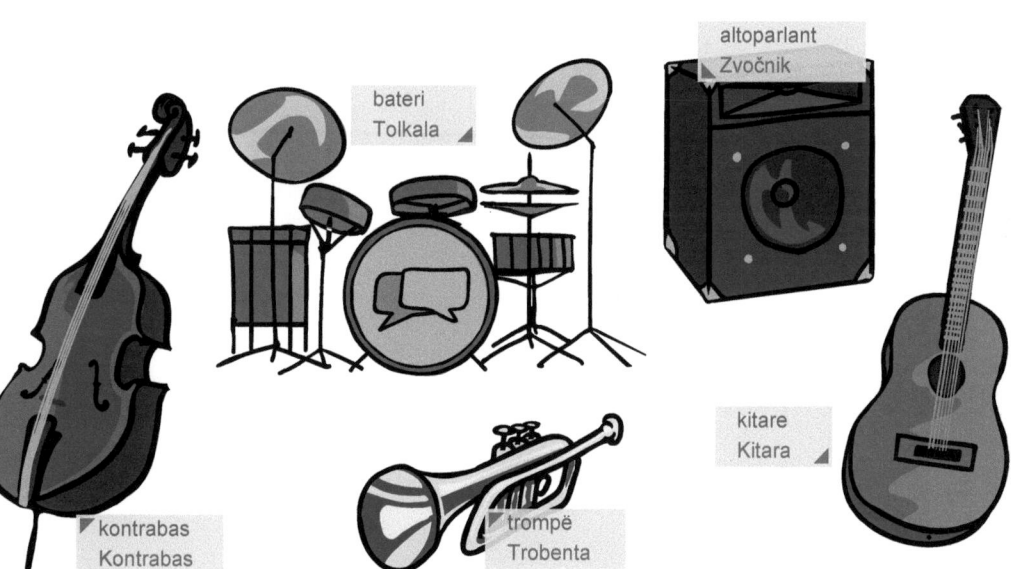

altoparlant
Zvočnik

bateri
Tolkala

kontrabas
Kontrabas

trompë
Trobenta

kitare
Kitara

piano

Klavir

violinë

Violina

bas

Bas kitara

tamburë

Pavke

daulle

Bobni

tastierë pianoje

Sintetizator

saksofon

Saksofon

flaut

Flavta

mikrofon

Mikrofon

kopsht zoologjik

Živalski vrt

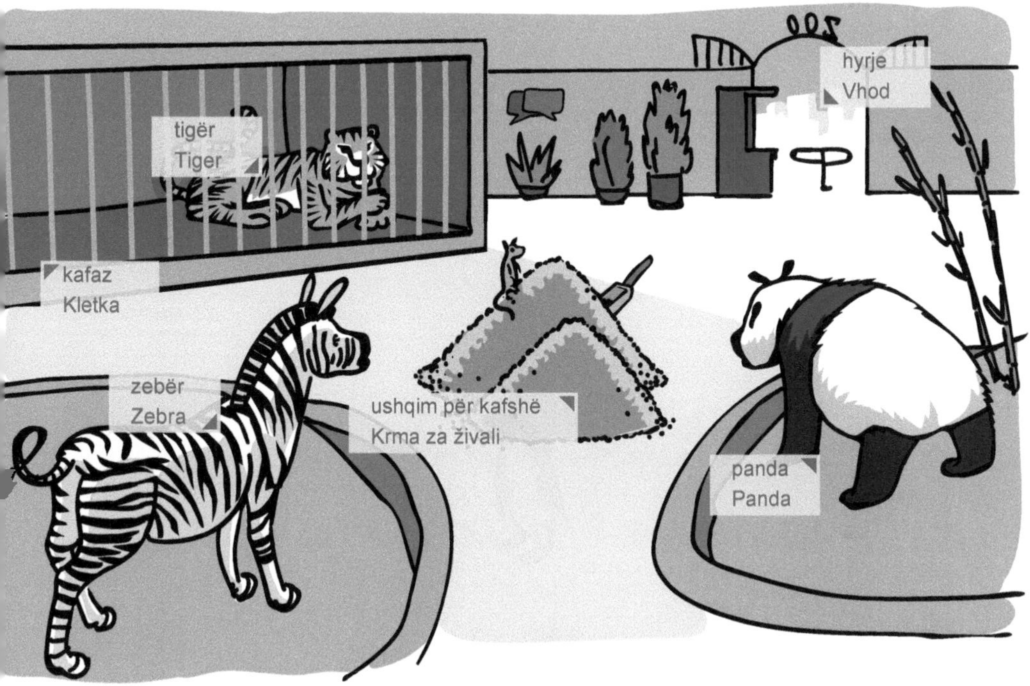
tigër
Tiger
hyrje
Vhod
kafaz
Kletka
zebër
Zebra
ushqim për kafshë
Krma za živali
panda
Panda

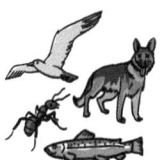

kafshë

Živali

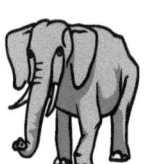

elefant

Slon

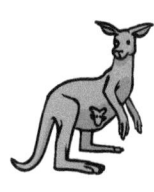

kangur

Kenguru

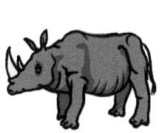

rinoceront

Nosorog

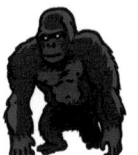

gorillë

Gorila

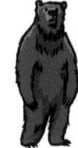

ari

Medved

deve

Kamela

struc

Noj

luan

Lev

majmun

Opica

flamingo

Plamenec

papagall

Papagaj

ari polar

Severni medved

pinguin

Pingvin

peshkaqen

Morski pes

pallua

Pav

gjarpër

Kača

krokodil

Krokodil

punonjës i kopshtit zoologjik

Oskrbnik v živalskem vrtu

fokë

Tjulenj

xhaguar

Jaguar

poni

Poni

leopard

Leopard

hipopotam

Povodni konj

gjirafë

Žirafa

shqiponjë

Orel

derr i egër

Divji prašič

peshk

Riba

breshkë

Želva

lopë deti

Mrož

dhelpër

Lisica

gazelë

Gazela

futboll amerikan
Ameriški nogomet

çiklizëm
Kolesarjenje

tenis
Tenis

basketboll
Košarka

not
Plavanje

hokej mbi akull
Hokej

boks
Boks

futboll
Nogomet

badminton
Badminton

atletikë
Atletika

hendboll
Rokomet

ski
Smučanje

polo
Polo

aktivitet
Dejavnosti

hidhem
Skočiti
përqafoj
Objeti
qesh
Smejati se
eci
Hoditi
këndoj
Peti
ëndërroj
Sanjati
lutem
Moliti
puth
Poljubiti

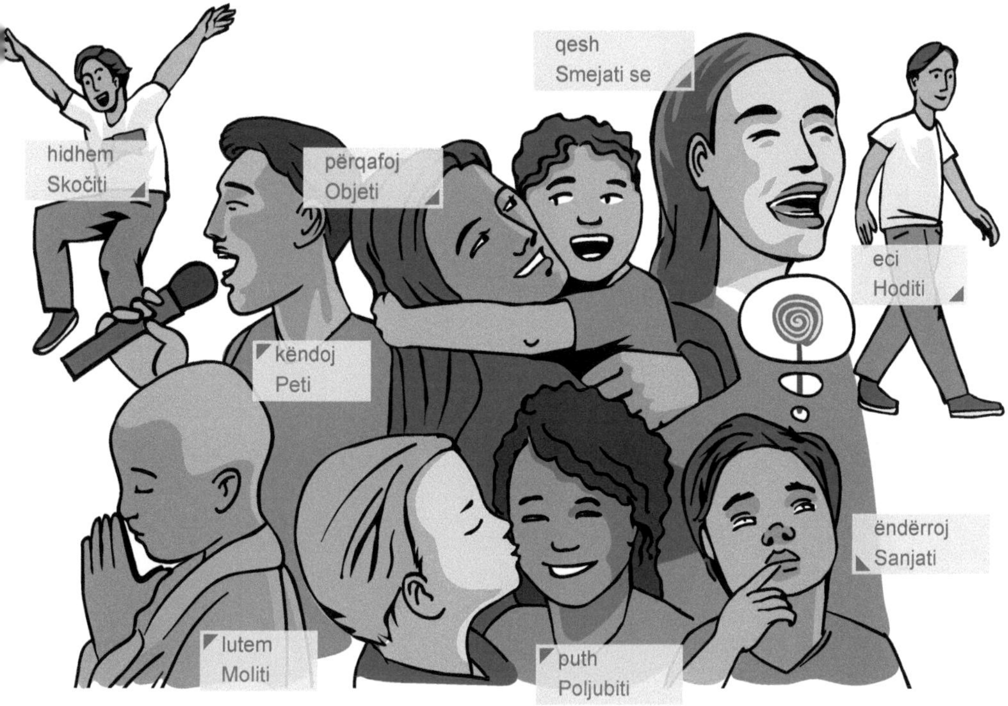

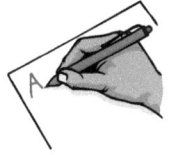

shkruaj

Pisati

vizatoj

Risati

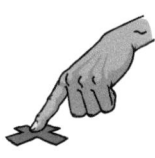

tregoj

Pokazati

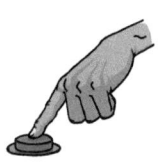

shtyj

Potisniti

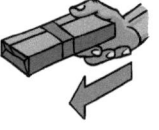

jap

Dati

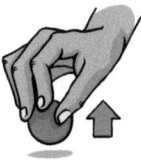

marr

Vzeti

kam

Imeti

bëj

Narediti

jam

Biti

qëndroj

Stati

vrapoj

Teči

tërheq

Vleči

hedh

Vreči

bie

Pasti

shtrihem

Ležati

pres

Čakati

mbaj

Nositi

ulem

Sedeti

vishem

Obleči se

fle

Spati

zgjohem

Zbuditi se

shikoj
Gledati

qaj
Jokati

përkëdhel
Božati

kreh
Česati se

bisedoj
Govoriti

kuptoj
Razumeti

kërkoj
Vprašati

dëgjoj
Poslušati

pi
Piti

ha
Jesti

sistemoj
Pospraviti

dashuroj
Ljubiti

gatuaj
Kuhati

drejtoj makinën
Voziti

fluturoj
Leteti

lundroj

Jadrati

llogaris

Računanje

lexoj

Brati

mësoj

Učiti se

punoj

Delati

martohem

Poročiti se

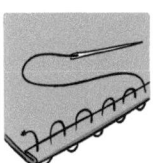

qep

Šivati

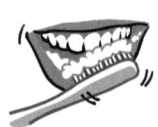

laj dhëmbët

Sčetkati si zobe

vras

Ubiti

tymos

Kaditi

dërgoj

Poslati

familje
Družina

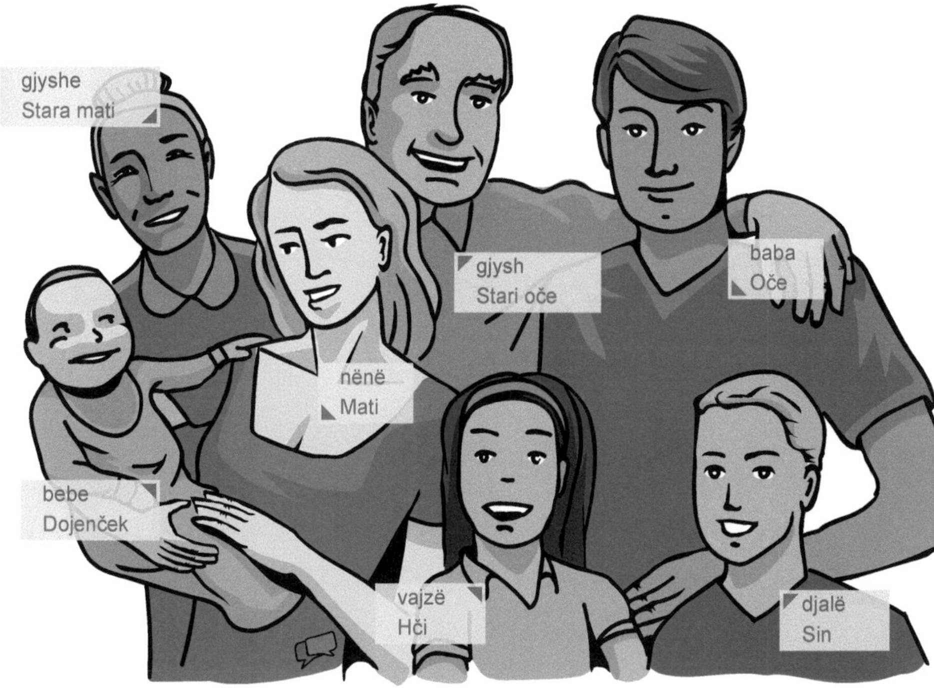

gjyshe
Stara mati
gjysh
Stari oče
baba
Oče
nënë
Mati
bebe
Dojenček
vajzë
Hči
djalë
Sin

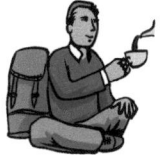

mysafir

Gost

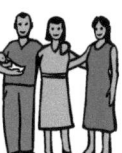

teze, hallë

Teta

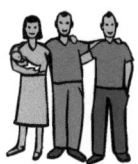

dajë, xhaxha

Stric

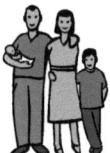

vëlla

Brat

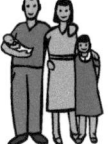

motër

Sestra

trupi
Telo

balli
Čelo
syri
Oko
shpatulla
Rama
gishti
Prst
fytyra
Obraz
mjekra
Brada
dora
Dlan
këmba
Noga
krahërori
Prsi
krahu
Roka

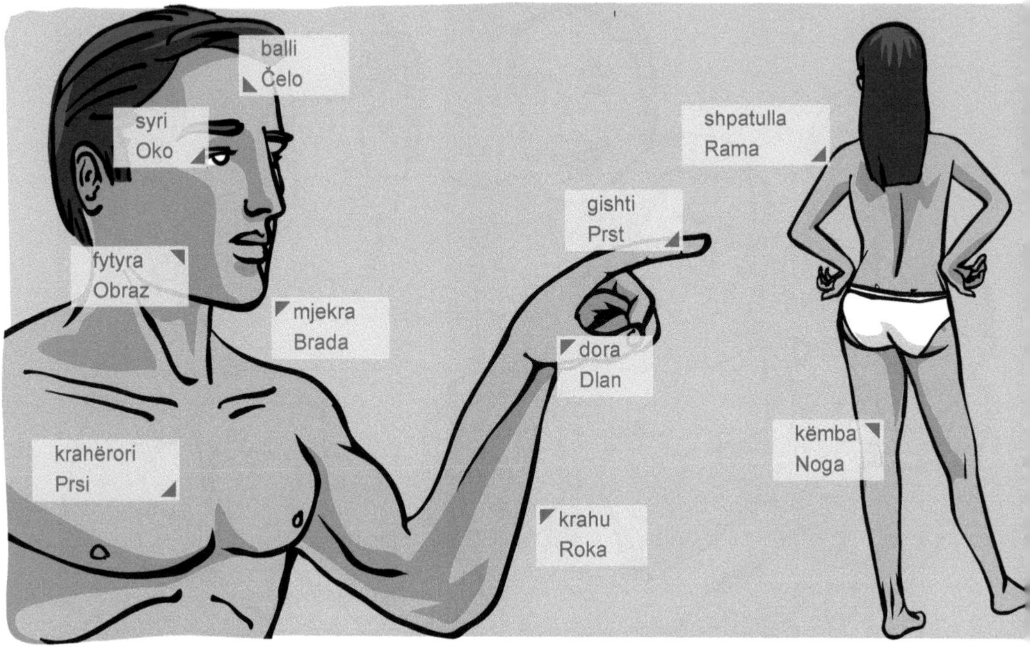

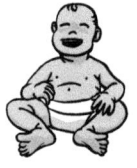

bebe

Dojenček

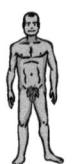

burrë

Človek

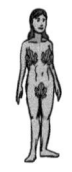

grua

Ženska

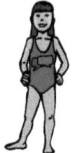

vajzë

Dekle

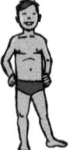

djalë

Fant

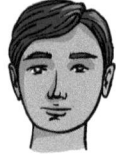

koka

Glava

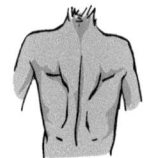

shpina

Hrbet

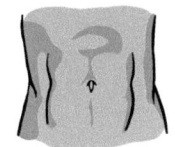

barku

Trebuh

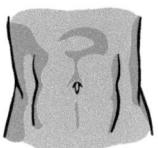

kërthiza

Popek

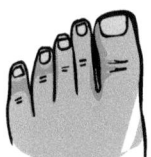

gisht këmbe

Prst na nogi

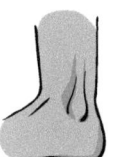

Thembra

Peta

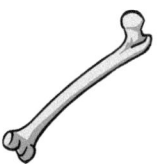

kockë

Kost

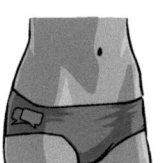

legeni

Kolk

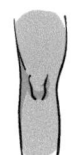

gjuri

Koleno

bërryli

Komolec

hunda

Nos

vithe

Zadnjica

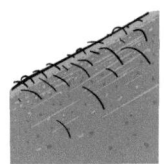

lëkura

Koža

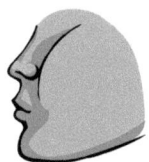

faqja

Lice

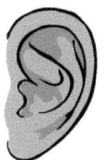

veshi

Uho

buza

Ustnica

goja

Usta

dhëmbët

Zob

gjuha

Jezik

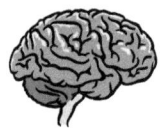

truri

Možgani

zemra

Srce

muskul

Mišica

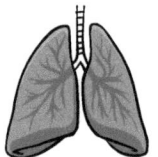

mushkëria

Pljuča

mëlçia

Jetra

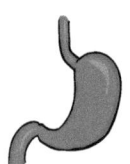

stomaku

Želodec

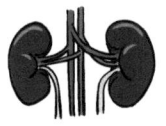

veshka

Ledvice

seks

Spolni odnos

prezervativ

Kondom

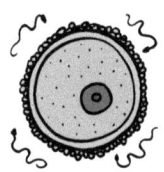

veza

Jajčece

sperma

Semenska tekočina

shtatëzani

Nosečnost

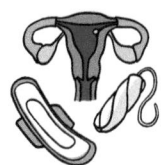

menstruacione

Menstruacija

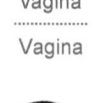

vagina

Vagina

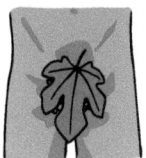

penis

Penis

vetulla

Obrv

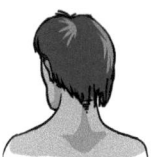

flokët

Lasje

qafa

Vrat

spital

Bolnišnica

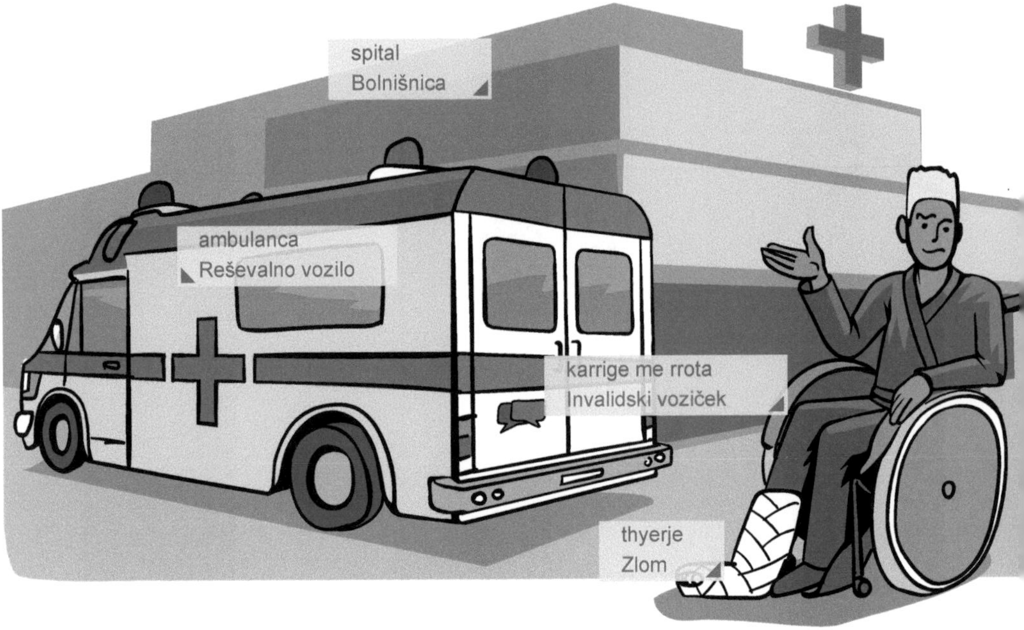

spital
Bolnišnica
ambulanca
Reševalno vozilo
karrige me rrota
Invalidski voziček
thyerje
Zlom

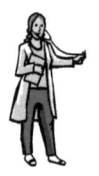

mjek

Zdravnik

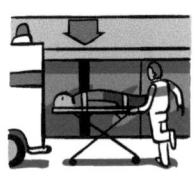

sallë urgjencash

Urgenca

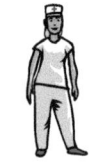

infermiere

Medicinska sestra

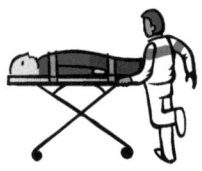

emergjencë

Nujni primer

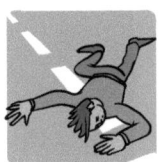

i pandërgjegjshëm

Nezavesten

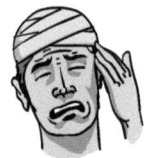

dhimbje

Bolečina

	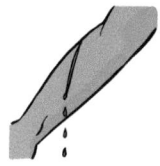	
dëmtim	gjakosje	infarkt
Poškodba	Krvavenje	Srčni infarkt

goditje	alergji	kolla
Kap	Alergija	Kašelj

ethe	grip	diarre
Vročina	Gripa	Driska
		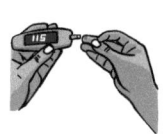
dhimbje koke	kancer	diabet
Glavobol	Rak	Sladkorna bolezen

kirurg	bisturi	operacion
Kirurg	Skalpel	Operacija

CT (skaner)

CT

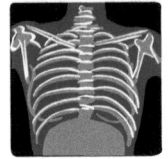

radiografi

Rentgen

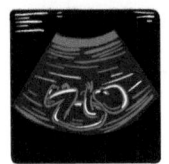

ultratingull

Ultrazvok

maskë fytyre

Obrazna maska

sëmundje

Bolezen

dhomë pritjeje

Čakalnica

paterica

Bergla

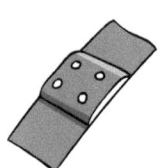

leukoplast

Obliž

fasho

Preveza

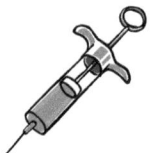

injeksion

Injekcija

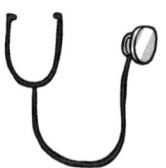

stetoskop

Stetoskop

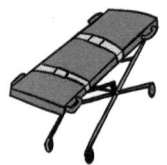

barelë

Nosila

termometër

Klinični termometer

lindje

Porod

mbipeshë

Prekomerna teža

aparat dëgjimi

Slušni pripomoček

dezinfektant

Razkužilo

infeksion

Okužba

virus

Virus

HIV / AIDS

HIV / AIDS

mjekësi, mjekim

Medicina

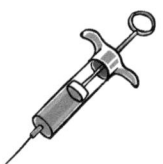

vaksinim

Cepljenje

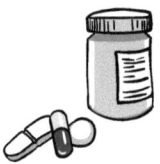

tableta

Tablete

pilulë

Tableta

telefonatë emergjence

Klic v sili

aparat tensioni

Merilnik krvnega tlaka

i sëmurë / i shëndetshëm

bolano / zdravo

Ndihmë!

Na pomoč!

alarm

Alarm

sulm

Napad

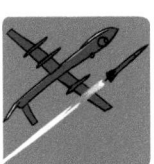

atak

Napad

rrezik

Nevarnost

dalje emergjence

Izhod v sili

Zjarr!

Gori!

fikëse zjarri

Gasilni aparat

aksident

Nezgoda

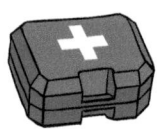

kuti e ndimës së shpejtë

Komplet za prvo pomoč

SOS

SOS

policia

Policija

Europa

Evropa

Amerika e Veriut

Severna Amerika

Amerika e Jugut

Južna Amerika

Afrika

Afrika

Azia

Azija

Australia

Avstralija

Atlantiku

Atlantski ocean

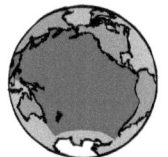

Paqësori

Tihi ocean

Oqeani Indian

Indijski ocean

Oqeani Antarktik

Južni ocean

Oqeani Arktik

Arktični ocean

Poli i veriut

Severni tečaj

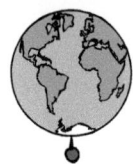

Poli i Jugut

Južni tečaj

Antarktida

Antarktika

toka

Zemlja

tokë

Kopno

det

Morje

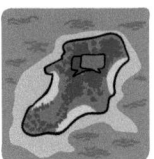

ishull

Otok

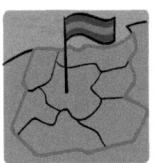

komb

Narod

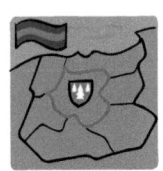

shtet

Država

fusha e orës
....
Številčnica

akrepi i orës
....
Urni kazalec

akrepi i minutave
....
Minutni kazalec

akrepi i sekondave
....
Sekundni kazalec

Sa është ora?
....
Koliko je ura?

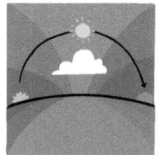

ditë
....
Dan

kohë
....
Čas

tani
....
Zdaj

orë dixhitale
....
Digitalna ura

minutë
....
Minuta

orë
....
Ura

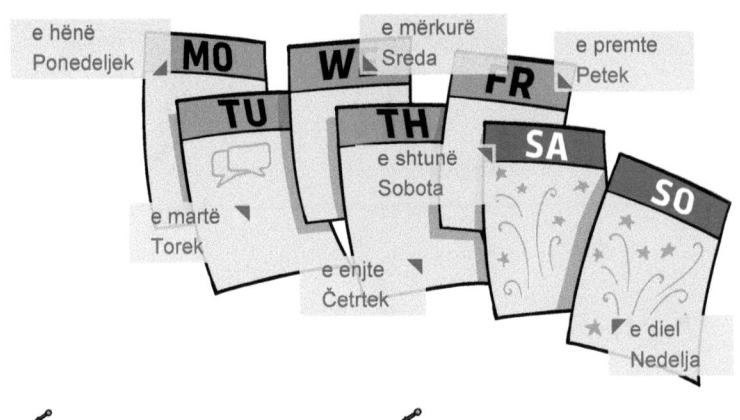

e hënë
Ponedeljek

e mërkurë
Sreda

e premte
Petek

e martë
Torek

e shtunë
Sobota

e enjte
Četrtek

e diel
Nedelja

dje

Včeraj

sot

Danes

nesër

Jutri

mëngjes

Jutro

mesditë

Poldne

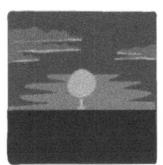

mbrëmje

Večer

ditë pune

Delovni dnevi

fundjavë

Konec tedna

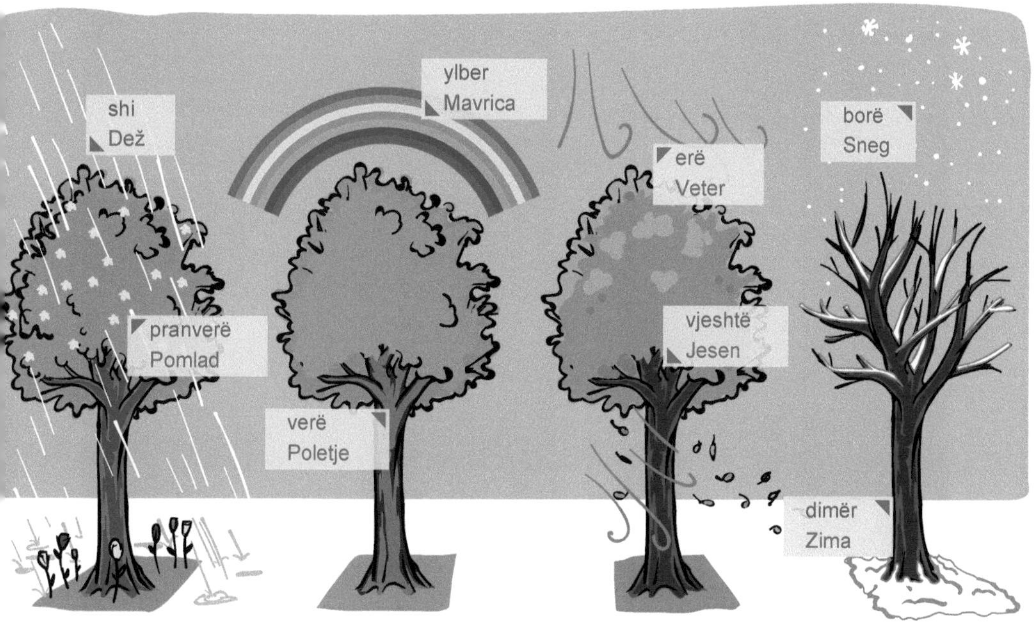

shi
Dež
ylber
Mavrica
erë
Veter
borë
Sneg
pranverë
Pomlad
vjeshtë
Jesen
verë
Poletje
dimër
Zima

4.APRIL 11°
5.APRIL 4°
6.APRIL 13°
7.APRIL 8°
8.APRIL 10°

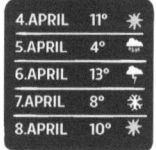

parashikimi i motit

Vremenska napoved

F C
120 40
90 30
60 20
30 10
0 0
-30 -10
-20

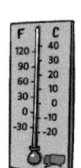

termometër

Termometer

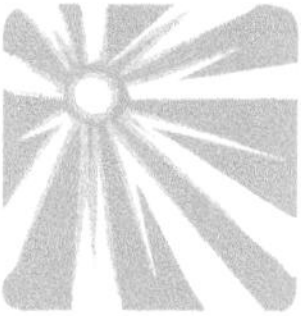

ndriçim dielli

Sončna svetloba

re

Oblak

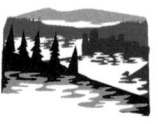

mjegull

Megla

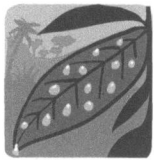

lagështi

Vlažnost

vetëtima

Strela

gjëmim

Grom

stuhi

Nevihta

breshër

Toča

muson

Monsun

përmbytje

Poplava

akull

Led

janar

Januar

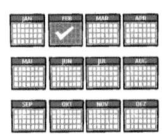

shkurt

Februar

mars

Marec

prill

April

maj

Maj

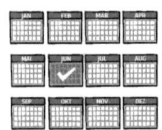

qershor

Junij

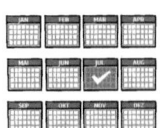

korrik

Julij

gusht

Avgust

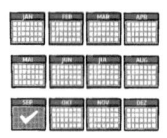

shtator
September

tetor
Oktober

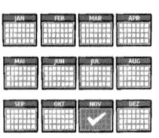

nëntor
November

dhjetor
December

rreth
Krogla

katror
Kvadrat

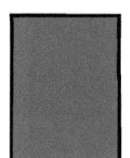

drejtkëndësh
Pravokotnik

trekëndësh
Trikotnik

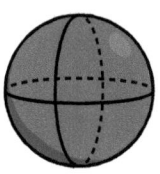

sferë
Krogla

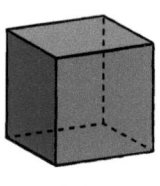

kub
Kocka

e bardhë

Bela

e verdhë

Rumena

portokalli

Oranžna

rozë

Rožnata

e kuqe

Rdeča

vjollcë

Vijolična

blu

Modra

e gjelbër

Zelena

kafe

Rjava

gri

Siva

e zezë

Črna

shumë / pak

veliko / malo

i nevrikosur / i qetë

jezno / umirjeno

i bukur / i shëmtuar

lepo / grdo

fillim / fund

začetek / konec

i madh / i vogël

veliko / majhno

i ndritshëm / i errët

svetlo / temno

vëlla / motër

brat / sestra

e pastër / e pistë

čisto / umazano

e plotë / jo e plotë

popolno / nepopolno

ditë / natë

dan / noč

gjallë / vdekur

mrtvo / živo

i gjerë / i ngushtë

široko / ozko

i ngrënshëm / i pangrënshëm
užitno / neužitno

i keq / i këndshëm
zlobno / prijazno

i lumtur / i mërzitur
vznemirjeno / zdolgočaseno

i shëndoshë / i dobët
debelo / vitko

e para / e fundit
prvo / zadnje

mik / armik
prijatelj / sovražnik

plot / bosh
polno / prazno

e fortë / e butë
trdo / mehko

e rëndë / e lehtë
težko / lahko

uri / etje
lakota / žeja

i sëmurë / i shëndetshëm
bolano / zdravo

e paligjshme / e ligjshme
nezakonito / zakonito

i zgjuar / budalla
pametno / neumno

majtas / djathtas
levo / desno

afër / larg
blizu / daleč

e re / e përdorur

novo / rabljeno

asgjë / diçka

nič / nekaj

i moshuar / i ri

staro / mlado

ndezur / fikur

vklopljeno / izklopljeno

hapur / mbyllur

odprto / zaprto

i qetë / i zhurmshëm

tiho / glasno

i pasur / i varfër

bogato / revno

e drejtë / e gabuar

prav / narobe

i ashpër / i butë

grobo / gladko

i mërzitur / i lumtur

žalostno / veselo

i shkurtër / i gjatë

kratko / dolgo

ngadalë / shpejt

počasi / hitro

i lagësht / i thatë

mokro / suho

ngrohtë / freskët

toplo / hladno

luftë / paqe

vojna / mir

0

zero

Ničla

1

një

Ena

2

dy

Dva

3

tre

Tri

4

katër

Štiri

5

pesë

Pet

6

gjashtë

Šest

7

shtatë

Sedem

8

tetë

Osem

9

nentë

Devet

10

dhjetë

Deset

11

njëmbëdhjetë

Enajst

12

dymbëdhjetë

Dvanajst

13

trembëdhjetë

Trinajst

14

katërmbëdhjetë

Štirinajst

15

pesëmbëdhjetë

Petnajst

16

gjashtëmbëdhjetë

Šestnajst

17

shtatëmbëdhjetë

Sedemnajst

18

tetëmbëdhjetë

Osemnajst

19

nentëmbëdhjetë

Devetnajst

20

njëzetë

Dvajset

100

qind

Sto

1.000

mijë

Tisoč

1.000.000

milion

Milijon

anglisht

Angleščina

anglishte amerikane

Ameriška angleščina

kinezisht mandarin

Mandarinščina

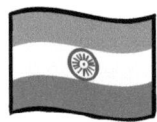

hindi

Hindujščina

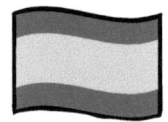

spanjisht

Španščina

frëngjisht

Francoščina

arabisht

Arabščina

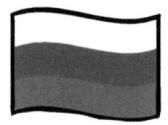

rusisht

Ruščina

portugalisht

Portugalščina

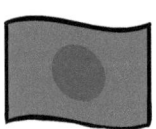

bengalisht

Bengalščina

gjermanisht

Nemščina

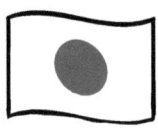

japonisht

Japonščina

unë

Jaz

ti

Ti

ai / ajo

On / ona / tisto

ne

Mi

ju

Vi

ata

Oni

kush?

Kdo?

çfarë?

Kaj?

si?

Kako?

ku?

Kje?

kur?

Kdaj?

emër

Ime

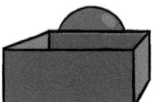

pas

Zadaj

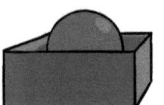

në

V

përballë

Pred

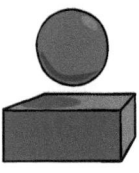

sipër

Nad

mbi

Na

poshtë

Pod

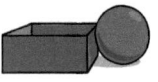

pranë

Poleg

midis

Med

vend

Kraj